DÉCISION

Relative à la prise du Navire anglais le Porcher.

Du 2 Floréal an 11.

AU NOM DE LA RÉPUBLIQUE FRANÇAISE, UNE ET INDIVISIBLE.

LE CONSEIL DES PRISES, établi par l'arrêté des Consuls du 6 germinal an 8, en vertu de la loi du 26 ventôse précédent, a rendu la décision suivante :

Entre *Edmund Boëhm, Daniel Nantes*, et *John Taylor*, négocians à Londres, tant en leur nom personnel que pour les autres intéressés avec eux dans l'armement du navire anglais *the Porcher*, capitaine *Black*, et dans la propriété de sa cargaison, d'une part ;

Et *Jacques Conte*, armateur du corsaire français *la Bellone*, de Bordeaux, capitaine *Jacques Perroud*, d'autre part ;

Vu, &c.

Vu les conclusions du commissaire du Gouvernement, déposées cejourd'hui par écrit sur le bureau, et dont la teneur suit :

L'AFFAIRE du navire anglais *le Porcher*, sur laquelle le Conseil va prononcer, est, sous différens rapports, une des plus importantes dont jusqu'à ce jour il ait eu à s'occuper.

A

Ce navire, qualifié de vaisseau de guerre dans ses expéditions, partit de Calcutta le 18 février 1802 [29 pluviôse an 10] pour se rendre à Londres , en passant par Madras. Il était muni d'une commission en guerre à lui délivrée le 20 février 1800 [1.er ventôse an 8], pour le temps des hostilités ; d'un passe-port du 21 janvier 1802 [1.er pluviôse an 10] ; d'une gazette du 3 février suivant [14 pluviôse] , contenant une proclamation relative à la paix affichée à Calcutta , et d'une instruction en date du 12 du même mois de février [23 pluviôse an 10].

Le corsaire français *la Bellone* , armée à Bordeaux par le C.en *Conte* , et pourvu d'une lettre de marque sous la date du 25 ventôse de l'an 9 [16 mars 1801] , était sorti de l'Ile-de-France le 6 frimaire an 10 [27 novembre 1801] , avant l'arrivée en cette île de la nouvelle des préliminaires de paix. Le 5 ventôse suivant [24 février 1802] , il eut connaissance du *Porcher ;* et huit heures après qu'il l'eut aperçu , il l'amarina et le conduisit ensuite à l'Ile-de-France.

D'après le procès-verbal de capture , il paraît que quand *le Porcher* vit qu'il était poursuivi , il changea de direction , en faisant force de voiles ; qu'un premier coup de canon à boulet le détermina à amener son pavillon , mais ne l'empêcha pas de continuer sa route, toutes voiles dehors ; qu'enfin il ne mit en travers qu'après que plusieurs autres coups de canon à boulet eurent été tirés sur lui.

Arrivé à l'Ile-de-France , le capitaine de prise fit sa déclaration au juge de paix. Dans cette déclaration , qui porte la date du 14 germinal [4 avril 1802] , et qui est d'ailleurs conforme au procès-verbal de capture , il est dit qu'après l'examen des papiers et la réponse du capitaine anglais , le capitaine du corsaire s'était décidé à arrêter le navire et à l'expédier pour l'Ile-de-France.

Mais, ni dans le procès-verbal de capture , ni dans la déclaration du chef de prise , on ne trouve le détail des papiers , non plus que la réponse que dut faire le capitaine capturé.

Le 16 du même mois [4 avril 1802] , le second capitaine du corsaire et le maître d'équipage certifièrent la vérité de la déclaration du capitaine de prise.

Le même jour, le juge de paix procéda à l'interrogatoire de *Benjamin Black*, capitaine du *Porcher*.

Il résulte de ses réponses, qu'il est anglais de nation et propriétaire du navire qu'il commandait ; qu'il naviguait sous passe-port et pavillon anglais ; qu'il avait armé à Londres pour le Bengale, d'où il sortait lorsqu'il avait été pris ; que la cargaison lui appartenait en partie, et le surplus à divers négocians anglais ; qu'elle consistait en diverses marchandises du Bengale ; qu'il allait à Madras ; que son état-major était anglais ; que son équipage était composé d'Anglais et de Lascards ; qu'il avait été pris entre le 17.e et le 18.e degré de latitude nord, longitude 88 degrés, le 23 février 1802 [4 ventôse * de l'an 10] ; qu'il avait amené au coup de canon de semonce, et que ce corsaire lui en avait tiré quatre autres ensuite.

Interrogé si les capteurs ne s'étaient point permis de piller à son bord, il a répondu que non ; et alors il a observé qu'après avoir amené, il avait informé le corsaire de la paix entre la France et l'Angleterre ; qu'il avait même été à bord dudit corsaire, et y avait porté une pièce du Gouvernement qui annonçait officiellement la paix ; mais que, malgré ses représentations, le capitaine *Perroud* (c'est le capitaine de *la Bellone*) lui déclara qu'il l'arrêtait, ce qu'il avait effectivement fait.

Il dit ensuite que les prisonniers avaient été bien traités, et qu'ils étaient tous arrivés à l'Ile-de-France sur la prise ou sur le corsaire.

Deux hommes de l'équipage du *Porcher*, le premier et le second officier du navire, furent également interrogés : leurs réponses sont à-peu-près insignifiantes ; ils ont dit l'un et l'autre qu'au premier coup de canon du corsaire ils avaient amené pavillon.

Le jour de la déclaration du capitaine de prise, le 14 germinal, le juge de paix procéda, devant la commission intermédiaire de

---

* Le procès-verbal dit que la prise a été faite le 5 ventôse.

l'assemblée coloniale , en présence des parties , à l'ouverture du paquet contenant les papiers de la prise.

Le capitaine *Black* fit la reconnaissance de son cachet et de trente-cinq pièces que contenait le paquet.

J'observe au Conseil que je n'ai trouvé dans le dossier aucun inventaire de ces pièces.

Le 16 germinal , les armateurs de *la Bellone* , pour prévenir les coups de vent très-fréquens dans la rade de l'Ile-de-France, demandèrent au juge de paix le déchargement provisoire des marchandises composant la cargaison du vaisseau. Ce déchargement fut ordonné.

Le 17, le capitaine *Black* se présenta au juge de paix , et se porta réclamateur de la prise indûment faite de son navire ; il protesta contre la prise , contre tout ce qui s'était fait ou pourrait se faire , et notamment contre le déchargement à lui annoncé par exploit de la veille, remis sur les sept heures du soir , sans ministère même d'un interprète.

Le même jour , les armateurs de *la Bellone* demandèrent une audience extraordinaire au tribunal de commerce de l'île , et que le capitaine *Black* fût assigné pour voir déclarer la prise bonne et valable.

Le 19, le tribunal ordonna le déchargement provisoire du navire, et renvoya les parties à plaider au fond à l'audience du 26.

Le 21 du même mois, et successivement jusqu'au 16 de celui de floréal , le juge de paix procéda au déchargement du navire. Son procès-verbal contient l'énumération des caisses , des balles , des barils , de huit madriers et de six caissons d'artillerie ; mais il ne détaille rien , et se borne à en indiquer les marques à la marge.

Le 5 floréal , le capitaine capturé s'adressa aux administrateurs généraux de l'Ile-de-France, auxquels il exposa qu'étant parti du Bengale sans convoi , par ordre de son Gouvernement, muni de la proclamation faite à Calcutta des préliminaires de la paix , et avec les ordres les plus stricts de ne commettre aucune hostilité , et ayant en conséquence déchargé toutes ses poudres, n'en réservant que deux barils pour les signaux , il avait été arrêté peu de jours après, à sa très-grande surprise, par le corsaire *la Bellone*, qui était muni également, depuis près de quatre jours, de la proclamation faite à Calcutta ; laquelle lui avait été remise par le vaisseau anglais *le Tay*, parti quelques jours avant lui de Calcutta, d'où l'ordre était sorti de faire rentrer tous les croiseurs anglais, et de leur annoncer l'heureuse nouvelle des préliminaires de la paix. Il ajouta que le capitaine de *la Bellone* lui avait dit avoir connaissance de ces préliminaires par la prise du vaiseau *le Tay* trois ou quatre jours avant celle du sien ; mais que ce serait à l'Ile-de-France que cela se déciderait.

D'après cet exposé, le capitaine protesta contre la capture de son navire, soutint qu'il n'y avait que le Gouvernement qui pût connaître de cette matière, et demanda le séquestre du navire et de sa cargaison, jusqu'à ce que le Gouvernement eût prononcé.

Les administrateurs lui répondirent que la connaissance de cette affaire appartenait aux tribunaux de l'Ile-de-France, sauf l'appel aux tribunaux supérieurs.

L'affaire fut en conséquence poursuivie devant le tribunal de commerce, et plaidée le 19 floréal. Le corsaire conclut à la confiscation de la prise, comme faite sur un anglais porteur de lettres de marque, d'une instruction hostile et de papiers du Gouvernement qu'il avait ordre de jeter à la mer en cas d'accident. Quant au capitaine capturé, il conclut d'abord à ce que la prise fût déclarée nulle et illégale, et subsidiairement au renvoi devant le Conseil des prises, sauf à mettre préalablement le navire et la cargaison au séquestre.

Ces conclusions subsidiaires étaient conditionnelles ; elles supposaient le cas où le tribunal ne trouverait pas l'esprit et la lettre du traité suffisans pour déterminer son jugement, ou qu'il se reconnaîtrait incompétent pour prononcer dans la cause.

Le capitaine *Black* déduisait ses moyens des articles I.er et XI des préliminaires de paix ; de la connaissance que le corsaire en avait à l'époque de la capture ; de la proclamation de la paix à Calcutta ; proclamation qu'il assurait avoir exhibée au corsaire, et dont avant lui trois autres navires l'avaient instruit.

Il s'autorisait de l'opinion d'*Émérigon*, pour soutenir la nullité de la prise : cet auteur, dans son *Traité des Assurances*, chapitre XII, section XIX dit : « il n'est pas possible que les hostilités cessent » toutes au moment même de la conclusion de la paix. Comme » dans ce temps-là il y a des corsaires en mer qui ignorent l'événe- » ment de la pacification, il est d'usage dans les traités de paix de sti- » puler un temps, suivant la distance des lieux, après lequel les prises » faites de part et d'autres sont déclarées nulles et sujettes à restitution.

» Mais avant le temps prescrit, si le capteur avait été informé de » la publication de la paix, la prise serait également illégitime (il » cite *Valin*); car, ajoute-t-il, puisque la connaissance présumée » par l'échéance du terme opère la nullité de la prise, à plus forte » raison la connaissance positive doit produire le même effet. »

Il étaya son système d'un exemple tiré de sa nation et puisé dans *Émérigon*.

La paix est publiée à la Martinique le 4 août 1748 : un navire part le 5; il est pris le 6. Le tribunal supérieur de la nouvelle Yorck ne balance pas de relâcher la prise et de condamner les capteurs aux dommages-intérêts.

Voilà, s'écrie le capitaine *Black*, un exemple pris chez les Anglais, lequel prouve qu'immédiatement après la connaissance de la paix, une prise est illégitime.

Pour preuve que le corsaire était instruit de la paix, il dit que ce corsaire lui-même en avait instruit le public en arrivant à l'Ile-de-France. Il est de fait, continue-t-il, qu'il en avait été informé, 1.º par un navire portugais; 2.º par le capitaine du navire anglais *le Tay*, capturé quatre jours avant *le Porcher*, lequel capitaine la lui avait annoncée par le secours du porte-voix, et par la représentation de la proclamation publiée à Calcutta; et enfin par la représentation que lui capitaine *Black*, lui avait faite lui-même, à l'époque de la capture, de la même proclamation officielle faite au Bengale.

Passant ensuite à la discussion des pièces trouvées à bord, ce capitaine dit que la commission en guerre est de 1800; qu'elle n'avait été expédiée que pour un voyage consommé ; que cette commission était conséquemment surannée, et qu'elle n'avait aucun rapport au voyage actuel, puisqu'elle n'avait pas été renouvelée ou rafraîchie ; que le passe-port n'en faisait aucune mention ;

Que d'ailleurs *le Porcher* n'avait fait aucune résistance ; que l'instruction n'était qu'un imprimé banal, expédié indistinctement à tous les vaisseaux ;

Enfin, que si le navire avait eu des papiers suspects du Gouvernement, on les aurait trouvés à bord.

Le tribunal, après avoir entendu le commissaire du Gouvernement, visa,

1.º La procédure faite devant le juge de paix ;

2.º La lettre de marque du 20 février 1800, expédiée au capitaine *Black* pour tout le temps des hostilités ;

3.º L'instruction qui lui avait été donnée le 12 février 1802 ;

4.º L'article XI des préliminaires de paix ;

5.º La proclamation du roi d'Angleterre ;

6.º L'arrêté des Consuls du 18 vendémiaire an 10.

Et sans s'arrêter aux conclusions subsidiaires du capitaine *Black,* considérant que *la Bellone* était partie de l'Ile-de-France en plein état de guerre pour la colonie, puisqu'aucune nouvelle de la pacification n'y était ni ne pouvait y être parvenue ;

Que la lettre de marque de ce corsaire était dans toute sa force au moment de la capture ;

Que cette capture avait été faite avant l'expiration du délai de cinq mois ;

Qu'il n'y avait de nulles que les captures faites après les délais ;

Que l'explication du traité, de la part du Gouvernement anglais, est encore plus précise, et fait connaître clairement l'intention de ce Gouvernement ;

Que l'arrêté des Consuls ne l'est pas moins ; que cet arrêté déclare nulles les prises faites dans le délai par des bâtimens sortis des ports où les nouvelles de la paix seraient déjà parvenues ;

(8)

Que le moyen tiré de la connaissance qu'avait acquise le corsaire pendant sa croisière, était anéanti par les autorités même que le capitaine anglais invoquait :

Il prononça, par jugement du 19 floréal de l'an 10, la confiscation du navire et de la cargaison.

Le 23 du même mois, le capitaine *Black* appela de ce jugement.

Il fut le 24 assigné par les armateurs à comparaître, dans le délai de trois jours, à l'audience du tribunal d'appel.

Le capitaine n'ayant point comparu, il fut rendu contre lui un jugement par défaut le 28.

Il y forma opposition par exploit du 29, et il fut assigné le même jour sur son opposition.

Il s'éleva alors entre les parties un incident qui avait pour objet l'apport au tribunal d'appel, demandé par le capitaine *Black*, de toutes les pièces relatives à l'instruction de la prise : cet apport fut ordonné le 15 prairial.

Le 21, le capitaine *Black*, par un acte extrajudiciaire, signifié aux armateurs du corsaire, leur dit que, quoiqu'il y eût preuve au procès que le capitaine de *la Bellone* était instruit des préliminaires de la paix,

1.º Par un brick portugais qu'il avait visité naviguant sous pavillon parlementaire, et qu'il avait relâché à cause de son pavillon ;

2.º Par un navire arabe alors à l'Ile-de-France ;

3.º Par le navire anglais *le Tay*, qui lui avait représenté la publication officielle des préliminaires à Calcutta ;

4.º Enfin par *le Porcher* lui-même, qui lui avait représenté la même publication ;

Néanmoins, pour confirmer d'autant plus cette preuve, il les sommait de représenter les livres du bord *du Porcher* et de *la Bellone*, et les lettres de marque de ce dernier.

Le corsaire satisfit à cette demande, toute extraordinaire qu'il la trouvait.

Le 29 du même mois de prairial, le capitaine *Black* requit le
tribunal

tribunal d'ordonner que, par le juge de paix du canton, il serait informé sur le fait que le corsaire avait connaissance de la paix avant la capture.

Les armateurs répondirent, le 4 messidor, que le navire portugais n'avait ni mission ni caractère pour annoncer les préliminaires de paix; qu'il n'était porteur d'aucuns papiers officiels qui pussent garantir la vérité de son assertion; que dès-lors tout ce qu'il avait pu dire à ce sujet ne pouvait être considéré que comme des bruits vagues et insignifians, incapables de produire aucun effet légal, ni d'autoriser le corsaire à cesser l'exécution des ordres qu'il avait reçus du Gouvernement français, pour courir sur les ennemis et capturer leurs propriétés;

Qu'il en devait être de même des déclarations suspectes faites par les deux navires anglais arrêtés depuis, et qu'il n'y avait pas même lieu d'examiner la question quant à l'arabe, puisqu'il avait toujours gardé le plus profond silence sur tout ce qui pouvait être à sa connaissance avant son départ du Bengale.

Enfin, après tous ces petits incidens, la cause fut portée à l'audience du tribunal d'appel. Les mêmes moyens d'attaque et de défense y furent reproduits avec un plus grand développement.

Le corsaire opposa au capturé une opinion de *Valin.*

Le capitaine anglais corrobora ses soutiens d'un ordre de l'amirauté d'Angleterre du 11 octobre 1801 [19 vendémiaire an 10], dont copie se trouve dans une gazette de Madras du 27 janvier 1802 [7 pluviôse an 10], et d'une lettre du Ministre de la marine et des colonies de la République française du 25 vendémiaire an 10 [17 octobre 1801], dont copie se trouve dans la gazette de Leyde du 30 octobre 1801, et la traduction dans la gazette de Madras du 21 mars 1802.

De ces deux pièces, qui n'étaient point à bord du *Porcher* lors de la saisie, le capitaine *Black* inférait que l'intention et la volonté des deux Gouvernemens, malgré la restriction portée par l'article XI des préliminaires de paix, avaient été que les hostilités

B

cessassent dès l'instant même de l'échange des ratifications de ces préliminaires.

Je crois devoir m'abstenir d'entretenir le Conseil d'une correspondance très-volumineuse qui a eu lieu entre un commissaire anglais envoyé à l'Ile-de-France par le gouverneur général des possessions britanniques dans l'Inde, pour réclamer *le Tay, le Porcher* et quelques autres bâtimens anglais arrêtés depuis l'expiration des délais, d'une part; et le général *Magallon*, commandant à l'Ile-de-France, d'une autre part, parce qu'elle ne peut influer en rien sur la décision de l'affaire. J'observerai seulement qu'il est vraisemblable que c'est ce commissaire qui a procuré au capitaine *Black* les gazettes dont je viens de parler, ou qu'elles lui ont été fournies par quelqu'un de ses compatriotes.

Les choses en cet état, le tribunal d'appel, après avoir visé toutes les pièces réciproquement produites en exécution du jugement interlocutoire du 15 prairial, a, par jugement définitif du 15 messidor an 10 [4 juillet 1802], débouté le capitaine *Black* de son opposition à celui par défaut du 28 floréal précédent, confirmatif de la confiscation que le tribunal de commerce avait prononcée.

Ce jugement est fondé sur les considérations suivantes :

1.º Que la prise du *Porcher*, quoique faite après la signature des préliminaires de paix, était une suite et une conséquence de la dernière guerre ; qu'elle devait être jugée conformément aux lois promulguées dans la colonie, lesquelles rendaient le tribunal compétent pour le jugement des prises en définitif ;

2.º Que les préliminaires ayant été adressés officiellement aux tribunaux, étaient devenus lois de la colonie ;

3.º Qu'il résultait de l'article I.ᵉʳ, que les Gouvernemens respectifs n'avaient pas pu envoyer ni permettre de courir sus pour dépouiller les sujets du Gouvernement devenu ami ; ce qui sans doute avait motivé l'arrêté des Consuls du 18 vendémiaire de l'an 10 [10 octobre 1802] ;

4.º Qu'à l'égard des forces qui se trouvaient en mer à l'époque de la ratification, il était reconnu par le premier article des préliminaires, que, pour faire cesser les hostilités de leur part, il fallait des ordres de leurs Gouvernemens expédiés en toute diligence, au moyen des passe-ports respectivement fournis ;

5.º Que ces dispositions ne paraissaient concerner que les vaisseaux de l'État ; que quant aux bâtimens armés en guerre par le commerce, le terme de leurs courses et de leurs prises autorisées avait été fixé par l'article XI : ce qui est confirmé par la proclamation du roi d'Angleterre ;

6.º Que la lettre du Ministre de la marine n'était pas connue à la colonie ; qu'elle avait pu être altérée dans une gazette, et qu'en tout cas une lettre du Ministre ne pouvait rien changer aux dispositions arrêtées entre les puissances ;

7.º Qu'il en était de même des ordres de l'amirauté d'Angleterre du 11 octobre 1801 ;

8.º Que si l'intention des puissances contractantes avait été que la course cessât, ainsi que les hostilités de Gouvernement à Gouvernement, aussitôt que les préliminaires auraient été ratifiés, elles n'auraient pas manqué de dire que toute prise serait restituée de ce jour, de même qu'il a été stipulé pour les conquêtes ; tandis qu'elles ont voulu qu'elles ne cessassent qu'aux époques convenues : ce dont la proclamation du roi d'Angleterre ne permet pas de douter ;

9.º Que dans le cas particulier, *la Bellone* avait ordre de courir sur les sujets anglais, et que ces ordres n'avaient pas été révoqués ;

10.º Que l'annonce des préliminaires de paix faite à *la Bellone* par le parlementaire portugais, par le navire arabe et par *le Tay* et *le Porcher*, n'était pas officielle ; qu'elle ne pouvait détruire la lettre de marque ; qu'elle pouvait être taxée de simulation, puisque ces navires ne présentaient ni passe-port, ni proclamation du gouvernement de Calcutta, ni mission pour notifier les préliminaires de la paix ; qu'ils se prévalaient seulement d'une gazette, dont la force était plus que balancée par la présence à bord du *Porcher*, d'une lettre de marque et d'une instruction absolument semblables à celles données en temps de guerre aux bâtimens du commerce anglais.

Ce jugement fut signifié au capitaine *Black* le 16 thermidor. Le 17, les armateurs requirent la levée des scellés et la mise en possession de la prise.

Le même jour, le capitaine *Black* protesta contre ce jugement et contre son exécution, et déclara se pourvoir en cassation par devant le Conseil des prises.

Ce capitaine ne se borna pas à son pourvoi, il demanda au gouverneur de l'Ile-de-France la suspension de l'exécution du jugement, ce que le gouverneur ne put lui accorder : la prise fut vendue.

Il se réduisit alors à requérir l'envoi des pièces au Conseil, où l'affaire est actuellement pendante et contradictoirement instruite.

Des mémoires, des consultations ont été imprimés et respectivement distribués : le Conseil connaît les moyens dont les parties ont fait usage; je n'en présenterai donc que le résumé.

Le capitaine *Black* a d'abord prétendu que les tribunaux de l'Ile-de-France étaient incompétens;

Qu'ils ne furent pas libres dans le prononcé de leurs jugemens;

Que trois juges d'appel avaient protesté contre la décision des quatre autres juges.

Au fond, après avoir discuté les considérans des jugemens des tribunaux de l'Ile-de-France, il s'est occupé d'établir,

Que la volonté bien exprimée des puissances contractantes, lors de la signature des préliminaires de paix, a été qu'une cessation absolue d'hostilités eût lieu immédiatement entre les deux nations, et que postérieurement à cette signature elles avaient renoncé à l'exécution des restrictions de l'article XI de ces mêmes préliminaires, suivant que le prouve une lettre du Ministre de la marine et des colonies, du 25 vendémiaire an 10 [17 octobre 1801];

Que les délais fixés dans les préliminaires, et à l'expiration desquels les prises cesseraient d'être valides, n'ont été imaginés qu'en faveur de l'ignorance présumée, où auraient été les navires capteurs, de la conclusion de la paix ; qu'ils ne peuvent être invoqués par eux que dans le cas de cette ignorance absolue et prouvée ; que cette vérité est consacrée par *Émérigon, Valin*, &c. ;

Que le capitaine de *la Bellone*, au moment où il s'est emparé du *Porcher*, avait déjà acquis la connaissance des préliminaires de paix ; qu'elle lui avait été donnée, 1.º par le brick parlementaire portugais, sortant de Calcutta, dont le témoignage ne pouvait être suspect, puisque son caractère le mettait à l'abri de toute hostilité ; 2.º par le navire arabe *le Saley*, également désintéressé et non suspect ; 3.º par le navire anglais *le Tay*, sorti le 16 février du même port de Calcutta, et qui amena ses voiles au premier coup de semonce ; 4.º enfin par *le Porcher* lui-même, qui, ainsi que l'avaient fait le parlementaire portugais, le navire arabe et *le Tay*, représenta au corsaire la gazette de Calcutta contenant la proclamation du roi d'Angleterre.

Quel est l'homme de bon sens, dit le capitaine *Black*, qui pourrait supposer que tous les bâtimens naviguant dans ces parages, s'étaient entendus pour raconter les mêmes mensonges ?

La conduite du *Porcher* ne prouve-t-elle pas qu'il ne redoutait aucune hostilité ? Il est semoncé ; il ne fait aucune disposition pour se mettre en défense. S'il change sa direction, c'est pour se rapprocher du corsaire. Il ne brûle pas une gargousse ; il annonce la paix ; il en fournit la preuve, et n'en est pas moins arrêté. Ce navire, qui, s'il eût été armé en guerre, aurait eu vingt-sept à vingt-huit canons, n'en avait que neuf de six, non pour sa défense, mais pour l'honneur du pavillon ; et, ce qui est bien digne de remarque, pas un grain de poudre.

Ce capitaine, pour nouvelle preuve de la connaissance de la paix que le capitaine du corsaire avait, antérieurement à la saisie du *Porcher*, avance qu'il en a fait l'aveu en arrivant à l'Ile-de-France, et soutient d'ailleurs que cet aveu résulte de la réponse que les armateurs de ce corsaire ont faite le 4 messidor, à l'interpellation qu'il leur avait signifiée, et d'un des considérans du jugement du tribunal d'appel.

La preuve de cette connaissance est donc, dit-il, complète et parfaite; mais le tribunal de l'Ile-de-France a trouvé que la gazette n'avait rien dû produire, parce que la notification n'en était pas officielle, comme s'il fallait envoyer à chaque pirate un ambassadeur.

Par rapport à sa commission de guerre et à l'instruction du 12 février 1802, il a répété les mêmes réponses qu'il avait faites devant les tribunaux de l'Ile-de-France.

En invoquant la loyauté française, il cite un exemple de celle des anglais. Le 4 août 1748, dit-il, la paix fut publiée à la Martinique, le 5 un navire français partit de cette île ; le 6 il fut pris par un corsaire anglais, et relâché avec dommages et intérêts par le tribunal supérieur de la Nouvelle-Yorck.

Après avoir exprimé l'opinion que lors même qu'un navire ne fait qu'annoncer la paix, sans en donner la preuve, un corsaire qui ignorerait véritablement qu'elle fût conclue, n'aurait que le droit de conduire ce navire dans un port de sa nation, afin de vérifier si en effet la guerre a cessé, sauf à le relâcher si le fait se trouve vrai, ou à en poursuivre la confiscation dans le cas contraire ; après avoir également observé que des bâtimens français peuvent avoir été arrêtés par des navires de guerre anglais, dans les mêmes circonstances où se trouve *le Porcher,* ou autres semblables, et que la décision du Conseil pourra avoir de l'influence sur les jugemens qu'ils subiront, le capitaine *Black* termine ses moyens, en disant :

« Si les magistrats qui vont prononcer sur cette grande contes-
» tation, ne sont pas convaincus que le capitaine de *la Bellone* savait,
» à ne pouvoir en douter, que les préliminaires de paix étaient signés,
» les propriétaires du *Porcher* doivent se résigner et succomber dans
» cette lutte.

» Mais s'ils ont une conviction intime du contraire ; s'il leur est
» démontré jusqu'à l'évidence que le corsaire français n'ignorait pas
» que la cessation de toutes les hostilités était arrêtée entre les
» deux puissances, justice éclatante doit être faite de la plus insigne

» violation qui ait jamais été commise, du droit des gens et des
» lois positives. »

Dans ses réponses, le corsaire ne discute nullement le moyen de
compétence ; mais il se plaint de ce que le capitaine *Black* a prétendu que les tribunaux avaient été influencés, et que trois juges de
celui d'appel avaient protesté contre ce dernier jugement, sans en
fournir la preuve. Il dit que les sept juges ont légalisé l'expédition de
ce jugement qui est produite au Conseil, et que le tribunal était si
peu influencé, qu'il relâchait le navire arabe comme neutre, avec
vingt-cinq mille piastres de dommages et intérêts, en même temps
qu'il condamnait *le Porcher*.

Au fond, il reproche au capitaine *Black* de garder le silence sur
l'article XVI du traité d'Amiens, qui n'est que la répétition de l'article XI des préliminaires de paix.

Le Porcher, dit-il, a été pris dans les mers des Indes avant l'écou-
lement du délai de cinq mois : il ne doit donc pas être restitué.

Le traité définitif n'a fait, continue-t-il, que rappeler ce qui avait
été stipulé par les préliminaires ; mais il faut remarquer que lors du
traité définitif tous les délais étaient expirés ; qu'ainsi le traité voulant que toutes ces questions soient jugées d'après l'époque de la
prise, le voulant sans condition, sans restriction ni limitation, il
n'est plus permis de prendre d'autre base.

L'armateur du corsaire convient que la volonté des deux puissances était de faire cesser les hostilités, puisqu'elles ne faisaient la
paix que pour cela ; mais que la manifestation de la paix ne pouvant
pas se faire par-tout au même instant, la force des choses nécessita
les distinctions et les tempéramens qui déterminèrent les articles I et
XI des préliminaires de paix.

Il dit que les conquêtes devaient être restituées ; mais qu'il n'en
était pas de même des prises, parce que la course entraîne de grands
frais, expose à de grands périls, et qu'en ces matières les parties
ne peuvent pas être remises en leur état primitif ;

Que la lettre du Ministre de la marine et des colonies, du

25 vendémiaire an 10, ne peut pas détruire les préliminaires ni l'arrêté des Consuls, dont elle n'était qu'un moyen d'exécution. A cette occasion, il cite l'exemple d'un navire nommé *la Marie-Thérèse*, sorti de Marseille avant l'expiration des délais, lequel a été pris par un corsaire anglais, conduit à Mahon, et déclaré de bonne prise, quoiqu'il fût porteur d'un double de la lettre du Ministre.

Il dit encore que le traité avait déterminé un délai; que la prise a été faite dans ce délai; que la présomption de légalité est pour la prise, et que cette présomption ne peut être détruite que par l'évidence du contraire;

Que le corsaire n'était pas obligé d'ajouter foi à des rapports vagues, à des déclarations suspectes;

Que le parlementaire portugais n'avait aucune mission pour annoncer la paix; que ce navire n'a point atterré à l'Ile-de-France; que personne n'a su, pendant toute l'instruction, ce qu'il était devenu; que l'on n'assigne point quel a été le jour de son départ de Calcutta;

Que le navire arabe ne dit rien qui eût rapport à la paix; que ce qui est avancé de contraire par le capitaine *Black*, est une pure supposition;

Que *le Tay* est dans la même position que *le Porcher*; qu'il n'y a par conséquent point de preuves positives, directes, irrécusables;

Que le capitaine de *la Bellone* avait avoué qu'il avait entendu parler des préliminaires de paix; mais que cet aveu ne supposait pas celui d'en avoir acquis la connaissance : qu'il avait également avoué le fait de la gazette.

Il reproche au capitaine anglais d'être parti armé en guerre, avec des dispositions hostiles, avec des expéditions qui annonçaient les hostilités toujours existantes, et avec une proclamation portant qu'elles ne cesseraient qu'aux époques déterminées par les articles préliminaires.

Il prétend que l'exemple cité du navire relâché en 1748, par le tribunal supérieur de la Nouvelle-Yorck, n'est point applicable

à

à l'affaire présente, parce que le navire avait été arrêté après l'expiration des délais.

Après cette longue analyse, j'arrive enfin à la discussion des moyens des parties.

J'ai mis sous les yeux du Conseil le tableau des procédures et des jugemens intervenus sur la prise.

Je dois lui rappeler ici une observation qu'il a déjà eu plusieurs fois l'occasion de faire : c'est que la loi du 26 ventôse de l'an 8 et l'arrêté des Consuls du 6 germinal suivant, n'ont point eu d'exécution à l'Ile-de-France, parce que vraisemblablement l'envoi qui y en a été fait n'y est point parvenu, ou que d'autres causes que j'ignore s'y sont opposées.

Mais, soit que les jugemens prononcés par les tribunaux de cette île dans l'affaire du *Porcher,* aient ou n'aient pas été incompétemment rendus, c'est chose indifférente, parce qu'ils ne peuvent servir que de mémoires ou de pièces d'instruction. Le Conseil, saisi de la matière par le pourvoi en cassation, et institué pour juger de la validité ou invalidité des prises, procède toujours par nouveau jugement, sans réformation ou confirmation de ceux qui peuvent avoir été rendus par les premiers tribunaux.

Je me dispenserai donc de discuter le point de compétence et celui de l'influence que le capitaine *Black* suppose avoir été exercée par les matelots du corsaire sur les tribunaux de l'Ile-de-France. Je dois cependant observer, relativement à cette prétendue influence, qu'il n'est pas probable qu'elle ait été telle qu'on le prétend, puisqu'on voit que le navire arabe a été relâché avec dommages et intérêts, encore bien que les capteurs dussent aussi desirer d'en obtenir la confiscation. D'ailleurs, l'impatience témoignée par des marins de voir prononcer sur le sort d'un navire qu'ils ont capturé, même d'en entendre prononcer la condamnation, n'est pas une raison pour se prévenir contre la justice de leur cause.

Avant de commencer une discussion que je bornerai à la seule question de la validité ou invalidité de la prise, je crois devoir présenter au Conseil l'analyse des dispositions de quelques-uns des articles préliminaires de paix d'entre la France et l'Angleterre, et des ordres pour leur exécution qui ont été donnés par les deux Gouvernemens, parce que c'est là que se trouvent les motifs qui doivent servir de base à la décision qu'il va donner.

Les préliminaires de paix furent signés à Londres le 9 vendémiaire an 10 [1.ᵉʳ octobre 1801], et l'échange s'en fit le 18 du même mois [10 de celui d'octobre].

Il fut arrêté par l'article I.ᵉʳ, qu'aussitôt qu'ils seraient ratifiés, l'amitié sincère serait rétablie entre la France et l'Angleterre, par terre et par mer, dans toutes les parties du monde ;

Qu'en conséquence, et pour que toutes hostilités cessassent immédiatement entre les deux puissances, et entre elles et leurs alliés, des ordres seraient transmis aux forces de terre et de mer avec la plus grande célérité ; que chacune des parties contractantes s'engageait à donner les passe-ports et les facilités nécessaires pour accélérer l'arrivée desdits ordres et en assurer l'exécution.

Il fut de plus convenu que toute conquête qui aurait lieu de la part de l'une ou de l'autre des parties contractantes, sur l'une d'elles ou sur ses alliés, après la ratification des préliminaires, serait regardée comme non-avenue, et fidèlement comprise dans les restitutions qui auraient lieu après la ratification du traité définitif.

Enfin, par l'article XI, il fut arrêté que, pour prévenir tous les sujets de plaintes et de contestations qui pourraient naître à l'occasion des prises qui seraient faites en mer après la signature des articles préliminaires, les vaisseaux et effets qui pourraient être pris dans la Manche et dans les mers du Nord, après l'espace de douze jours, à compter de l'échange des ratifications desdits articles préliminaires, seraient de part et d'autre restitués ; que le terme serait d'un mois, depuis la Manche et les mers du Nord jusqu'aux îles Canaries inclusivement, soit dans l'Océan, soit dans la Méditerranée ; de deux mois depuis lesdites îles Canaries jusqu'à l'équateur ; et enfin de cinq mois dans toutes les autres parties du monde, sans aucune exception ni autre distinction plus particulière de temps et de lieu.

Le Gouvernement anglais ne tarda pas à s'occuper de l'exécution des préliminaires.

Une lettre de l'amirauté, sous la date du 11 octobre 1801 [19 vendémiaire an 10], fut adressée à tous les officiers en chef, capitaines et commandans des vaisseaux du roi de la Grande-Bretagne, par laquelle il leur était recommandé et ordonné de s'abstenir de toute hostilité contre les possessions et citoyens de la République française et de ses alliés.

Si vous rencontrez (y est-il dit), une escadre ou des vaisseaux détachés de la République française ou de ses alliés, nous vous prescrivons de notifier, par un parlementaire, aux commandans desdites escadres ou vaisseaux détachés, l'échange des ratifications des articles préliminaires de paix (un exemplaire en était joint à la lettre), et de ne faire aucun usage des forces que vous commandez, à moins que, malgré cette notification, il ne soit fait des préparatifs pour vous attaquer.

Vous donnerez des ordres semblables aux capitaines et commandans de tous les vaisseaux de sa majesté qui sont sous votre commandement, avec injonction de les communiquer aux commandans de tous les autres vaisseaux anglais, et de tous les vaisseaux appartenant à la République française ou à ses alliés, que vous pourrez rencontrer, afin qu'ils puissent se conduire en conséquence.

Le lendemain de cette lettre, c'est-à-dire le 12 octobre 1801 [20 vendémiaire an 10], parut une proclamation du roi d'Angleterre, qui mérite une attention particulière, par la raison que c'est cette pièce, publiée dans une gazette extraordinaire de Calcutta, du 3 février 1802, qui a été représentée au capitaine de *la Bellone*.

On y lit que les préliminaires avaient pour objet le rétablissement de la paix ; que pour mettre un terme aux calamités de la guerre, le plus promptement possible, il avait été convenu entre S. M. et la République française, qu'aussitôt que les préliminaires

seraient signés et ratifiés , l'amitié serait rétablie entre les deux puissances , par terre et par mer , dans toutes les parties du monde, et
que toutes hostilités cesseraient immédiatement. Qu'à l'effet de prévenir tous sujets de plaintes et de contestations qui pourraient s'élever
à raison des prises faites à la mer, après la signature de ces préliminaires, il avait été réciproquement convenu que les bâtimens et
les effets qui pourraient être saisis dans les lieux et après les délais
(ils sont connus du Conseil) , à dater de l'échange de la ratification
des préliminaires, seraient restitués des deux côtés ; que cet échange
s'étant effectué le 10 octobre [18 vendémiaire an 10] , le desir et
la volonté de S. M. étaient que la cessation des hostilités entre elle
et la République française eût lieu aux diverses époques convenues ;
qu'en conséquence, elle enjoignait et ordonnait à tous ses officiers,
tant de mer que de terre, et à tous ses sujets, de quelque condition qu'ils fussent, de s'abstenir de tous actes d'hostilité, tant par
terre que par mer, contre la République française et ses alliés, leurs
vassaux et sujets respectifs, à dater des époques et après les époques
sus-mentionnées, sous peine d'encourir sa disgrace.

Je passe maintenant aux ordres donnés par le Gouvernement
français.

Dès le 18 vendémiaire [10 octobre 1801] , jour même de
l'échange des ratifications des préliminaires, les Consuls de la République prirent un arrêté portant que les prises qui seraient faites sur
la Grande-Bretagne ou ses alliés, dans les lieux et après les délais
que l'on voit énoncés dans l'article XI de ces préliminaires, seraient
déclarées nulles et comme telles restituées. La même chose est or-
donnée pour les prises qui seraient faites par des bâtimens armés ,
sortis des ports de la République postérieurement à la signature des
préliminaires, lorsque la nouvelle en était parvenue dans lesdits ports.

Le 25 du même mois de vendémiaire [17 octobre 1801] , le
Ministre de la marine et des colonies adressa aux amiraux et offi-
ciers commandans des escadres, vaisseaux et autres bâtimens de la
République , des ordres analogues à ceux donnés par l'amirauté

d'Angleterre , aux commandans des escadres et vaisseaux de sa majesté britannique, et conçus à-peu-près dans les mêmes termes.

Voilà les textes qui m'ont paru devoir servir de base à la décision du Conseil ; décision d'autant plus digne de réflexion , que bien que la question principale que présente cette cause, ne soit pas nouvelle, il ne paraît cependant pas qu'elle ait été décidée jusqu'à ce jour. C'est donc au Conseil qu'est reservé l'honneur de la résoudre.

Quel est l'objet que les puissances contractantes se sont proposé, relativement aux prises maritimes , par les préliminaires de paix ?

Ont-elles dérogé , depuis l'échange des ratifications de ces préliminaires , aux restrictions portées par l'article XI ?

L'ignorance absolue de la paix , lors d'une saisie faite par un corsaire , dans les délais fixés pour la validité des prises , est-elle indispensable pour que la prise soit légitime ?

Le corsaire *la Bellone*, lors de la capture du *Porcher*, avait-il une connaissance des préliminaires de paix, telle qu'il dût s'abstenir de saisir ce navire ?

Voilà quatre questions que je vais examiner, et de la juste résolution desquelles doit nécessairement dépendre le sort du *Porcher*.

Ire QUESTION.

Objet des Préliminaires relativement aux Prises maritimes.

CE n'est point par une des clauses prises isolément, d'un traité de paix, comme de tout autre acte , que l'on peut en déterminer l'objet, mais par la combinaison des différentes dispositions qu'il contient.

Une première disposition des préliminaires porte qu'aussitôt après la ratification , l'amitié sincère sera rétablie entre la France et l'Angleterre , par terre et par mer , dans toutes les parties du monde.

Par une seconde disposition , il est arrêté que des ordres seront transmis , avec la plus grande célérité , aux forces de terre et de mer pour la cessation immédiate des hostilités ; à l'effet de quoi chacune des puissances contractantes s'est engagée à donner les passe-ports et les facilités nécessaires pour assurer l'arrivée et l'exécution desdits ordres.

Enfin, par une troisième, il a été fixé des délais, après l'expiration desquels les prises maritimes cesseraient d'être valides.

De ces diverses dispositions, il faut conclure que l'intention des puissances contractantes a été de restreindre la faculté de faire des saisies valables, même dans les délais fixés par l'article XI des préliminaires, aux seuls bâtimens auxquels l'ordre de cesser les hostilités n'aurait pas été notifié soit immédiatement, soit médiatement.

Il en faut conclure encore que s'il s'agissait d'une saisie faite dans les délais, mais par un bâtiment auquel ces ordres auraient été notifiés, aucune des deux puissances ne pourrait réclamer, puisqu'elles s'en sont respectivement interdit la faculté ; mais que le propriétaire ou le capitaine du navire capturé aurait incontestablement le droit de recourir à l'autorité du Gouvernement de la nation du navire capteur, pour en obtenir la justice qui lui serait due, comme il l'aurait dans toute autre espèce de prise.

2.ᵉ QUESTION.

A - t - il été dérogé aux restrictions portées par l'article XI des Préliminaires ?

POUR soutenir l'affirmative, le capitaine *Black* s'est appuyé sur une lettre du Ministre de la marine et des colonies du 25 vendémiaire an 10 [17 octobre 1801], adressée aux Préfets maritimes, par laquelle il leur marquait que, malgré les restrictions qui semblaient résulter de l'article XI des préliminaires de paix entre la France et l'Angleterre, la navigation était entièrement libre, et les chargeait d'annoncer sur-le-champ cette heureuse nouvelle dans tous les ports de leurs arrondissemens respectifs, &c.

J'observe que, d'après les ordres expédiés par l'amirauté d'Angleterre, d'après ceux donnés par le Ministre de la marine et des colonies de la République, en exécution de ceux qu'il avait reçus du PREMIER CONSUL, on devait augurer que la nouvelle de la paix serait bientôt connue sur toutes les mers; que les navires de guerre qui y étaient répandus ne tarderaient pas à recevoir l'ordre de s'abstenir de toutes hostilités, et que par conséquent la navigation commerciale pouvait être considérée comme équivalemment sûre et à l'abri de tout danger pour les navires qui étaient en état de faire voile des ports de France.

Telle était sûrement l'opinion du Ministre de la marine et des colonies, lors de la lettre qu'il a écrite le 25 vendémiaire aux Préfets maritimes, et dont le capitaine *Black,* ou plutôt son défenseur, a cru pouvoir tirer la conséquence que les deux Gouvernemens étaient demeurés d'accord, à cette époque, de ne donner aucune suite à l'article XI des préliminaires.

Ce défenseur n'aurait pas dû ignorer, ce me semble, que les bâtimens nationaux de commerce qui sont sortis des ports de France avant l'expiration des délais, ont été munis de saufs-conduits du Gouvernement anglais, comme les navires anglais partis des ports de la Grande-Bretagne l'ont été de saufs-conduits du Gouvernement français, ce qui n'aurait pas été nécessaire si l'article XI des préliminaires n'eût pas dû avoir d'exécution, ou plutôt si la navigation eût été entièrement libre pour les navires des deux nations.

Un avis inscrit dans le *Moniteur,* du 3 brumaire de l'an 10, de la part du Ministre de la marine, porte que, pour assurer la libre circulation du commerce et amener plus promptement la cessation des hostilités, le Ministre avait envoyé des saufs-conduits au Gouvernement britannique, et que l'amirauté d'Angleterre en allait faire passer de pareils au Gouvernement français, lesquels seraient répartis aussitôt entre les différens ports de la République.

Un autre avis, inséré dans le même journal, du 11 du même mois, annonce que trois cents saufs-conduits anglais étaient arrivés le 8 pour être distribués aux bâtimens de commerce qui se rendraient dans des pays éloignés, où la nouvelle de la paix ne serait point encore parvenue.

Enfin l'article XVI du traité de paix définitif, conclu à Amiens le *6* germinal an 10 [27 mars 1802], contient mot pour mot les mêmes dispositions que l'article XI des préliminaires, ce qui démontre que le défenseur des capturés a pris la lettre du Ministre dans un sens différent de celui dans lequel il l'avait écrite.

A cela j'ajouterai qu'en supposant qu'elle eût pu induire quelqu'un en erreur, ce ne serait pas le capitaine *Black*, puisqu'il est convenu n'en avoir eu connaissance que par l'insertion qui en a été faite dans une gazette de Madras, du 21 mars 1802, long-temps après son arrestation.

D'ailleurs, l'exemple cité par l'armateur du corsaire (en le supposant exact) de la confiscation prononcée à Mahon du navire français *la Marie-Thérèse*, sorti de Marseille avant l'expiration des délais, prouve qu'en Angleterre on n'a eu aucun égard à cette lettre du Ministre de la marine de France.

3.ᵉ QUESTION.

L'ignorance absolue de la paix est-elle indispensable pour la validité d'une saisie faite dans les délais !

L E capitaine *Black* soutient que cette ignorance est nécessaire : il va plus loin ; car, selon lui, elle doit même être prouvée.

Cette dernière opinion est évidemment fausse ; car la présomption de la légalité de la saisie doit être admise, toutes les fois que l'arrestation a été faite avant l'expiration des délais, sauf au capturé à prouver le contraire. Obliger le capteur à prouver son ignorance, ce serait l'assujettir à une preuve négative à laquelle il n'est pas tenu.

Pour établir que l'ignorance absolue de la paix, chez le capteur, peut seule rendre valable une saisie faite avant les délais ; le capitaine *Black* a recours à l'autorité de différens auteurs qu'il cite, particulièrement *Émérigon* et *Valin*.

Afin de jeter le plus de jour possible sur cette question, je crois

devoir

devoir rappeler les règles que les auteurs établissent pour la décision de la validité des prises faites après la conclusion de la paix.

Un traité de paix ne fixe pas de terme pour son exécution, ou bien il en fixe un.

Dans le premier cas, *Grotius, Bursamaqui, Hubner, Vattel, Valin,* et autres publicistes recommandables, décident que le traité doit être exécuté du jour même de la signature, et que tout ce qui peut avoir été pris depuis doit être restitué, mais sans dommages ni intérêts, si les capteurs ignoraient la paix au moment de l'arrestation.

Le chevalier *d'Abreu* seul pense que ce qui a été pris, dans l'ignorance de la paix, doit demeurer au capteur; mais dans la nouvelle édition qui vient d'être donnée de son ouvrage, l'éditeur réfute cette opinion d'une manière victorieuse.

Dans le second cas, les termes ou les délais qui sont fixés pour l'exécution, se rapportent ordinairement aux prises maritimes.

Comme il n'est pas possible, dit *Azuni*, que les hostilités ordinaires en temps de guerre, cessent par-tout au moment même de la stipulation de la paix; qu'il peut arriver en pareille circonstance, que des corsaires et des armateurs qui sont en mer, ignorent l'événement de la paix, l'usage s'est introduit, depuis très-long-temps, de stipuler par les traités de paix, un temps proportionné à la distance des lieux, passé lequel les prises faites réciproquement par les belligérans, sont déclarées nulles et ainsi sujettes à restitution.

La même observation avait déjà été faite par *Valin* et par *Émérigon.* Ce dernier auteur y a ajouté : « Mais avant le temps prescrit, si le » capteur avait été informé de la publication de la paix, la prise » serait illégitime (il cite *Valin*) ; car, puisque la connaissance pré- » sumée par l'échéance du terme opère la nullité de la prise, à plus » forte raison la connaissance *positive* doit produire le même effet. »

Valin professe la même doctrine; mais il a exprimé un cas d'exception dont *Émérigon* ne parle pas.

Après avoir dit que la prise, quoique faite avant l'expiration du délai, sera nulle s'il est prouvé qu'auparavant le capitaine capteur

était instruit de la paix, il ajoute : « Cette preuve néanmoins doit se
» tirer par une autre voie que celle de la déclaration qui en serait
» faite par le capitaine du navire capturé, au moment de la prise
» ou aussitôt après ; car enfin une telle déclaration peut être suspecte,
» soit avant, soit après l'expiration des délais.

» La différence qu'il y aura alors, c'est que si c'est avant l'expi-
» ration, la prise n'en sera pas moins bonne, quoique le fait soit
» reconnu vrai dans la suite, à moins qu'il n'y ait preuve que le
» capteur savait réellement dès-lors que la paix était faite ; au lieu que
» si c'est après les délais expirés, la prise sera véritablement sujette
» à restitution ; mais ce sera sans dommages et intérêts, à moins
» qu'il n'y ait preuve, tout de même, qu'au temps de la prise le
» capteur était instruit de la paix. »

L'éditeur de l'ouvrage du chevalier *d'Abreu*, pense, au contraire,
que quand un traité porte un temps déterminé auquel les hostilités
sur mer doivent cesser, comme, dit-il, on le voit dans le dernier
fait entre la République française et l'Angleterre, il faut s'en tenir
alors à ce qui a été convenu : il appuie son sentiment de la règle
de droit, *Pacta sunt servanda.*

Cette opinion ne me semblerait devoir être admise, sans restriction, que dans le cas (qui ne se rencontrera jamais) où les puissances
contractantes ne jugeraient pas à propos de prendre aucune mesure,
ni de donner aucuns ordres pour faire cesser les hostilités sur mer;
mais dans le cas contraire (et c'est celui du traité d'entre la France
et l'Angleterre), c'est-à-dire, dans celui où des navires ont été expédiés
de part et d'autre pour transmettre des ordres à ceux armés en guerre
de cesser les hostilités au moment même de la notification de ces
ordres, il est hors de doute qu'une prise postérieure à cette notification, quoique faite dans les délais, devrait être annullée avec dommages-intérêts, à moins que le navire pris n'eût été l'agresseur.

Le tribunal d'appel de l'Ile-de-France a supposé que les ordres
donnés par suite des préliminaires de paix, pour la cessation des
hostilités, ne s'appliquaient point aux corsaires, et qu'ils n'avaient de

rapport qu'aux navires des deux États ; mais cette erreur est trop grossière pour que je m'arrête à la réfuter. D'ailleurs, si les corsaires n'ont pas été nommément désignés dans les ordres du Gouvernement d'Angleterre (ce qui n'était pas nécessaire), il n'en a pas été de même dans ceux donnés par le Ministre de la marine et des colonies de la République.

J'en reviens à l'opinion d'*Émérigon* et de *Valin :* je pense, comme eux, qu'un corsaire qui a une connaissance positive de la paix avant de rencontrer un bâtiment qui auparavant était ennemi, n'a pas le droit de l'arrêter, hors toutefois le cas d'une légitime défense, encore bien que les délais pour la validité des prises ne soient pas encore expirés.

Mais qu'entend-on par connaissance positive de la paix ? Ces auteurs en parlent, mais aucun ne la définit. Je vais tâcher de le faire d'après les principes de la raison, et de suppléer par-là au silence qu'ils gardent sur ce point.

La connaissance dont il s'agit doit être certaine, assurée, indubitable ; elle doit émaner médiatement ou immédiatement de la puissance à laquelle appartient l'armateur, et, si l'on veut, de l'une ou de l'autre des deux puissances contractantes.

Cette connaissance doit être telle qu'elle prévienne ou dissipe tous les doutes, toutes les incertitudes, toutes les craintes, tous les dangers que pourrait courir le corsaire ; elle doit, en même temps qu'elle paralyse les lettres de marque, qu'elle impose au corsaire le devoir de s'abstenir de toutes hostilités, le mettre lui-même à l'abri de la capture ; elle doit enfin être transmise par des pièces authentiques et légales qui prémunissent le corsaire contre le danger, en se retirant dans un des ports de sa nation, d'être pris par quelque navire ennemi non encore informé de la conclusion de la paix.

Il s'en faut donc de beaucoup que je sois de l'opinion qu'une ignorance absolue de la paix soit nécessaire pour qu'une saisie faite avant l'expiration des délais soit valable ; l'admettre, c'est supposer qu'un bruit incertain, qu'une nouvelle douteuse, qu'un rapport dont aucune pièce authentique ne garantit la vérité, sont suffisans pour mettre un corsaire dans l'obligation indispensable de cesser sa croisière, et de rentrer dans le port de son armement, tout en demeurant exposé au danger d'être capturé pendant le temps de sa retraite.

Je ne saurais convenir, avec le capitaine *Black*, que dans le cas d'une simple annonce de paix non valablement justifiée, le corsaire n'ait le droit d'arrêter que provisoirement, sauf à relâcher le navire, sans être susceptible de dommages-intérêts, si la nouvelle se trouve vraie, ou à en poursuivre la confiscation, si elle se trouve fausse.

Au moment même de l'arrestation, la saisie est bonne, ou elle est nulle, selon que le corsaire n'a point ou qu'il a la connaissance *positive* de la paix. S'il l'a, le navire doit être relâché avec dommages-intérêts; s'il ne l'a point, la saisie est valable, et la confiscation doit être prononcée.

Le sentiment de *Valin*, l'un des auteurs dont le capitaine *Black* a invoqué l'autorité, est formel sur ce point, et absolument contraire à l'opinion émise par ce capitaine.

4.ᵉ QUESTION.

Le capitaine de la Bellone, *lors de la capture du* Porcher, *avait-il de la paix une connaissance telle qu'il dût s'abstenir de saisir ce navire !*

Le capitaine *Black* soutient que cette connaissance avait été donnée au corsaire, par un parlementaire portugais, par un navire arabe et par le navire anglais *le Tay*, qui tous trois lui justifièrent de la gazette extraordinaire de Calcutta, du 3 février 1802, contenant la proclamation du roi d'Angleterre, du 12 octobre 1801; que lui-même représenta un exemplaire de cette gazette.

L'armateur du corsaire, qui range, avec raison, le navire *le Tay* dans la même classe que *le Porcher*, prétend, dans son dernier mémoire, que le parlementaire portugais n'a rien appris à *la Bellone;* que ce navire n'a point atterré à l'Ile-de-France pendant toute la durée de l'instance; que *le Saley* ne s'est nullement expliqué sur ce qui avait rapport à la paix.

Ces dénégations ne donnent pas une idée avantageuse de la bonne foi de l'armateur ; elles sont démenties par la réponse faite, à l'Ile-de-France le 4 messidor an 10, à une interpellation signifiée aux associés de cet armateur ; elles le sont encore par un des considérans du jugement du tribunal d'appel. Est-il d'ailleurs croyable que des navires qui quittent un pays où des nouvelles de paix viennent d'être publiées, n'en parlent point à un bâtiment qu'ils rencontrent quelques jours après, et qui a intérêt de les connaître ?

Mais quel a été le mode dont les deux navires dont il s'agit ont transmis la connaissance de la paix au corsaire ? Le capitaine *Black* répond lui-même à cette question, en disant que ça été en lui donnant communication de la même gazette, contenant la proclamation de la paix, que *le Tay* et *le Porcher* lui ont représentée quelques jours après.

En attendant que j'apprécie les termes de la proclamation et que je prouve qu'ils sont contraires et nullement favorables à la cause du capitaine *Black,* je demanderai quel ministère authentique et légal constatait que cette gazette émanait des autorités de Calcutta.

Quoi ! les réglemens sur la course exigeront des pièces authentiques passées devant des officiers publics, pour constater le fait de neutralité ; ils exigeront des pièces authentiques passées devant des officiers publics, pour constater qu'un navire de fabrique ennemie, ou qui aurait eu un propriétaire ennemi, a cessé d'être propriété ennemie, et l'on prétendrait que la simple exhibition d'une gazette imprimée pourrait effacer et détruire le caractère ennemi d'un vaisseau porteur de documens hostiles ?

Si les neutres s'avisaient de produire des gazettes au lieu de pièces authentiques, pas un de leurs navires n'échapperait à la confiscation.

Or, si les neutres sont soumis à la représentation de pièces authentiques pour constater leur neutralité, à combien plus forte raison l'ennemi doit-il constater, par pièces authentiques, qu'il a perdu le caractère d'inimitié.

Les traités eux-mêmes ont besoin de l'attache des Gouvernemens pour en constater l'authenticité et en assurer l'exécution, et l'on voudrait qu'une simple gazette produisît à elle seule cet effet?

Quelle preuve fallait-il donc au corsaire, dit le capitaine *Black!* Ne dirait-on pas qu'il faudrait envoyer à chaque pirate un ambassadeur?

Je ne releverai point cette expression déprisante de pirate, échappée sans doute par mégarde à la plume honnête et élégante du défenseur du *Porcher;* mais je dirai qu'il fallait une preuve telle qu'en même temps qu'elle aurait anéanti les lettres de marque et enlevé au corsaire le droit de prendre, elle l'eût mis lui-même à l'abri du danger d'être pris.

Si, dans l'affaire présente, *la Bellone* eût été rencontrée par un des navires anglais chargés d'annoncer la paix, nul doute qu'elle aurait été obligée de cesser sa croisière, parce que ce navire lui aurait donné connaissance des préliminaires de paix, de ses ordres, du passe-port du Gouvernement français; parce qu'il lui aurait délivré un certificat ou sauf-conduit qui lui aurait servi de sauvegarde pour son retour dans un port français. Il en aurait été de même si elle avait rencontré un navire français chargé d'une pareille mission de la part du Gouvernement de la République.

Mais rien de cela ni rien de semblable n'est arrivé.

De là je conclus que, quand même la pièce représentée à *la Bellone* aurait été de nature, par les termes dans lesquels elle aurait été conçue, à forcer ce corsaire à cesser sa croisière, ce corsaire n'aurait pas été obligé d'y obtempérer, par la raison qu'elle était dépourvue d'authenticité, et qu'elle ne lui présentait aucune garantie contre le danger d'être capturé lui-même, après avoir rélâché *le Porcher* et l'avoir laissé continuer sa route.

Mais il s'en faut de beaucoup que la proclamation insérée dans la gazette de Calcutta fût conçue dans les termes dont je viens de parler ; elle supposait, au contraire, l'état de guerre encore existant sur les mers au moment où la capture a été faite, et bien du temps encore après.

Dans cette proclamation il n'est pas dit un seul mot des mesures adoptées par les puissances contractantes pour le prompt rétablissement de la paix, c'est-à-dire, des navires expédiés pour faire cesser les actes d'hostilité. Le roi d'Angleterre ordonne de s'abstenir de ces actes contre la République française, ses alliés et leurs vassaux et sujets respectifs, non pas à compter du jour que ces officiers auraient connaissance de ses ordres, mais à dater seulement de l'expiration des délais fixés par l'article XI des préliminaires de paix.

En vain prétend-on que la faculté implicite que cette proclamation laisse aux vaisseaux anglais de capturer jusqu'à l'expiration des délais, suppose l'ignorance de la paix chez les commandans de ces vaisseaux. Le contraire est évident, puisque cette pièce, destinée à être transmise à ces commandans, contient elle-même l'annonce de la paix. Le capitaine d'un navire anglais auquel elle serait parvenue, aurait bien certainement été instruit des préliminaires ; et cependant il était autorisé à ne s'abstenir des actes d'hostilité qu'à compter de l'expiration des délais qui s'y trouvent énoncés.

Pourquoi les préliminaires de paix, pourquoi la lettre de l'amirauté d'Angleterre n'ont-ils point été publiés à Calcutta comme la proclamation du roi d'Angleterre ? Je l'ignore : ce qu'il y a de certain, c'est qu'ils n'étaient à bord d'aucun des bâtimens qui ont été rencontrés par *la Bellone ;* qu'ils ne lui ont point été représentés, et que dans tout le cours de la procédure on n'a argumenté que de la gazette de Calcutta.

Ne pourrait-on pas conjecturer que le gouverneur de Calcutta, trouvant de la contrariété entre les préliminaires et les ordres de l'amirauté, d'une part, d'après lesquels les hostilités devaient cesser au moment de la notification ; et la proclamation du roi d'Angleterre, d'une autre part, qui ne les faisait cesser qu'aux époques fixées par l'article XI des préliminaires, a cru devoir se conformer strictement à cette proclamation , d'autant mieux qu'elle était la dernière en date et que c'est ce qui l'a déterminé à la faire imprimer et publier seule

Au surplus , que cela soit ou ne soit pas , toujours est-il vrai que loin que le capitaine de *la Bellone* ait trouvé, dans la proclamation qui lui a été représentée, des motifs pour relâcher *le Porcher*, il n'a dû y apercevoir que des raisons pour le saisir. N'ayant eu connaissance des préliminaires que par cette pièce, il a été tout simple qu'il fît ce raisonnement : puisque les Anglais peuvent valablement s'emparer des navires français , jusqu'à ce que les délais soient expirés, les Français ont également le droit de saisir les navires anglais pendant le même laps de temps.

Voudra-t-on prétendre qu'il y a eu défaut de rédaction dans la proclamation de S. M. britannique ? mais alors ce n'est pas la faute du corsaire. Il suffit , pour que sa saisie soit valable, qu'il fût dans la bonne foi , et qu'on ne puisse lui reprocher, avec raison , qu'il devait se conduire autrement qu'il n'a fait. Ignorer la paix , ou savoir de son ennemi même que, sur la mer, les hostilités ne cesseront qu'à une époque déterminée, c'est la même chose pour un corsaire dont les captures sont antérieures à l'échéance du terme convenu.

Tout d'ailleurs , dans l'affaire présente, concourt à prouver qu'à Calcutta on était bien persuadé que ce n'était qu'à l'expiration des délais que les hostilités devaient cesser, et que jusque là les saisies seraient valables sans aucune distinction.

A bord du *Porcher* il s'est trouvé une commission de guerre, qui , à la vérité , avait près de deux ans de date, mais qui avait été délivrée pour tout le temps des hostilités. Il y avait des canons en batterie, au nombre de neuf, suivant le capitaine *Black*, et de douze, suivant l'armateur du corsaire. Il y avait de plus une instruction du 12 février 1802 , postérieure de neuf jours à la publication de la proclamation du roi d'Angleterre, laquelle instruction suppose l'état de guerre toujours existant.

D'après cette pièce , *le Porcher*, qui, dans le système du capitaine *Black*, n'avait plus d'ennemis à craindre, devait toujours être

paré

paré à faire bonne défense en cas d'attaque de la part des *ennemis*. Le capitaine devait se tenir sur ses gardes de crainte de surprise; afin que les dépêches, contresignées par le gouverneur général, ne tombassent point entre les mains *des ennemis*. Il était enjoint à ce capitaine d'y faire toujours tenir des poids attachés, et de les remettre à la garde d'un des officiers du vaisseau, dont le devoir serait de les faire couler à la mer en cas de danger.

Le capitaine *Black* prétend que cette instruction n'était autre chose qu'un de ces imprimés qui se délivrent d'ordinaire aux capitaines des navires de la compagnie, que ce n'était enfin qu'une pièce banale et insignifiante. Une pareille réponse ne suffit assurément pas pour anéantir l'effet d'une pièce si authentique, et si destructive des soutiens de ce capitaine.

Il prétend encore que la conduite qu'il a tenue n'a été nullement conforme aux dispositions que l'instruction dont il s'agit contient; qu'il ne s'est ni défendu, ni mis en état de se défendre; qu'il n'avait pas même de poudre à bord.

Si le capitaine *Black* était persuadé, comme il l'avance, qu'il n'avait rien à craindre dans sa navigation; s'il était vrai que c'était par cette raison qu'il était sorti de Calcutta avant l'expiration prochaine des cinq mois, pourquoi a-t-il fui en changeant la direction de sa route, lorsqu'il a aperçu que le corsaire portait sur lui? Il dit que s'il a changé sa direction, c'était pour s'approcher du corsaire; mais cela est-il vraisemblable? Pourquoi n'a-t-il mis en travers qu'après avoir essuyé plusieurs coups de canon à boulet? Je sais qu'il a dit qu'il s'était arrêté au premier coup de canon; mais il est convenu qu'il en avait encore été tiré plusieurs autres après, et à boulet. Or, est-il probable que le corsaire eût continué à canonner *le Porcher*, pour le forcer à mettre en panne, si ce navire eût obéi au premier coup de semonce? J'observe que le procès-verbal de capture, signé par plus de cinquante des hommes du corsaire, contient l'affirmation du contraire.

Il ne s'est point trouvé de papiers du Gouvernement de Calcutta à bord du *Porcher*, mais il est possible qu'ils aient été coulés à la mer, comme l'instruction en contenait l'ordre.

D'ailleurs, *le Porcher*, destiné pour Londres, devait cependant relâcher à Madras pour y prendre des passagers ; et si véritablement le capitaine *Black* n'avait pas cru devoir se pourvoir de munitions en quittant Calcutta, c'est probablement parce qu'il pensait n'avoir rien à craindre des croiseurs français dans sa traversée des bouches du Gange à Madras, et que son intention était, une fois arrivé dans cette ville, de s'y approvisionner des choses dont il aurait besoin pour sa défense, ou de n'en partir qu'après l'expiration du délai fixé pour la validité des prises.

Les deux Gouvernemens se sont réciproquement fait passer des saufs-conduits pour les bâtimens partant des ports d'Europe, et qui auraient pu atteindre les différentes hauteurs énoncées dans l'art. XI des préliminaires, avant l'expiration des délais. Je ne demanderai pas pourquoi *le Porcher* n'avait pas un de ces saufs-conduits ; mais je demanderai pourquoi n'avait-il pris, du gouverneur de Calcutta, aucune pièce authentique qui pût constater l'état de paix ! pourquoi n'avait-il aucuns ordres de la part de ce gouverneur, pour la cessation des hostilités, qu'il dût communiquer aux navires de guerre anglais, et même aux navires français qu'il pourrait rencontrer ? par quelle fatalité enfin n'avait-il à bord que des expéditions annonçant des dispositions hostiles ? C'est évidemment parce que l'on ne doutait point, à Calcutta, que l'état de guerre, sur mer, ne dût exister jusqu'à l'expiration des délais fixés par les préliminaires.

Dans une lettre écrite au Ministre des relations extérieures, le 27 septembre dernier [1.er vendémiaire de l'an 11], par M. *Merry*, ministre britannique à Paris, M. *Merry* suppose que la nouvelle de la paix, avec copies du traité préliminaire de paix et des proclamations publiées par les deux Gouvernemens, pour faire cesser les hostilités de part et d'autre, avaient été remises à Calcutta le 3 février 1802 ; que *le Porcher* en était parti le 18 ; que le capitaine avait pris la précaution d'emporter avec lui lesdites proclamations ; qu'il fut rencontré par le corsaire français *la Bellone*, et que ce corsaire l'arrêta, malgré les preuves qu'il lui donna de la paix.

Il est possible que les articles préliminaires de paix soient parvenus à Calcutta en même temps que la proclamation du roi d'Angleterre et celle du Gouvernement de la République ; mais ce qui est certain, c'est que la seule proclamation du roi d'Angleterre a été imprimée et publiée dans la gazette du 3 février ; que le capitaine *Black* n'a produit que cette gazette ; qu'il n'a jusqu'à présent argumenté que de cette pièce, et que c'est par le moyen de l'exhibition de cette même pièce qu'il a prétendu que le parlementaire portugais, le navire arabe et *le Tay*, avaient donné connaissance de la paix au corsaire capteur.

Or, je crois avoir établi que, loin que cette pièce pût prouver que les hostilités avaient cessé, que la paix était rétablie, elle prouvait, au contraire, que l'état de guerre sur mer existait, et qu'il existerait jusqu'à l'expiration des délais fixés par l'article XI des préliminaires.

Le capitaine *Black* a cité l'exemple d'un navire français pris par un corsaire anglais en 1748, deux jours après la publication de la paix à la Martinique, et qui fut relâché par le tribunal supérieur de la Nouvelle-Yorck avec dommages et intérêts. Je ne m'y arrêterai point, parce que les circonstances de la capture ne sont pas connues. D'ailleurs, l'armateur de *la Bellone*, dans son second mémoire, donne des renseignemens, desquels il résulte, s'ils sont exacts, que, lors de la saisie, les délais convenus pour la validité des prises étaient expirés.

Je me résume.

Le corsaire *la Bellone* était sorti de l'Ile-de-France le 6 frimaire an 10, bien avant l'arrivée, dans cette île, de la nouvelle de la paix : c'est un point de fait qui n'est pas contesté.

Lorsque, le 5 ventôse suivant [24 février 1802], il a rencontré *le Porcher*, le délai de cinq mois, fixé par l'article XI des préliminaires de paix, pour la validité des prises maritimes dans les niers de l'Inde, n'était point encore expiré ; il s'en fallait quatorze jours.

La proclamation imprimée, et dépourvue de caractère authentique, qui a été représentée au corsaire par le capitaine *Black*, loin de lui fournir une connaissance positive de la paix qui le mît à l'abri des hostilités des Anglais, lui a fait connaître, au contraire, que l'état de guerre continuerait d'exister sur mer jusqu'à l'expiration des délais fixés par les préliminaires de paix, et que jusqu'à ce moment il serait exposé au danger d'être pris ; d'où résultait incontestablement pour lui le droit de prendre.

Les nouvelles de paix qui avaient été transmises à ce corsaire, quelques jours auparavant, par le parlementaire portugais, par le navire arabe et par le navire *le Tay*, étaient de la même nature que la communication donnée par le capitaine *Black*, puisque, de son aveu, elles ont consisté dans l'exhibition de la gazette de Calcutta, contenant la proclamation du roi d'Angleterre, que lui-même avait produite ; elles n'ont donc pu produire d'autre effet.

Le corsaire a donc aussi été bien fondé, d'après les termes de cette proclamation, à saisir *le Porcher*, qui d'ailleurs, par sa commission de guerre, par ses instructions hostiles, par son armement, et par sa manœuvre lorsqu'il s'est vu poursuivi par *la Bellone*, a présenté les caractères d'un vaisseau ennemi.

En vain, comme je l'ai déjà observé, objecte-t-on que les délais fixés pour la validité des prises, supposent l'ignorance de la paix, et que c'est ainsi qu'il faut entendre les ordres que contient la proclamation du roi d'Angleterre.

Cette proclamation était destinée à être remise aux commandans des vaisseaux anglais, qui, par le seul fait de cette remise, étaient instruits de la paix ; et cependant il ne leur était enjoint de s'abstenir des actes d'hostilité qu'après l'expiration des délais. Ils pouvaient donc saisir pendant toute la durée de ces mêmes délais.

Il peut se faire que des navires français aient été pris par des vaisseaux anglais, dans les mêmes circonstances où *le Porcher* l'a été par *la Bellone*; mais que cela soit ou ne soit pas, le Conseil n'en prononcera pas moins, dans cette affaire, de la manière que les principes et la justice lui paraîtront l'exiger.

Au reste, je suis loin de penser, comme le fait l'armateur du corsaire, qu'il résulte de l'article XVI du traité définitif de paix, que toutes les prises faites dans les délais fixés par les préliminaires, doivent être déclarées valables, sans aucune distinction.

D'après ces diverses considérations, je conclus à ce que la prise du navire anglais *le Porcher*, et de sa cargaison, faite par le corsaire *la Bellone*, soit déclarée bonne et valide, et à ce que le tout soit confisqué au profit des armateurs et de l'équipage dudit corsaire, sauf les retenues de droit.

Délibéré à Paris, le 2 floréal an 11.

Signé COLLET-DESCOSTILS.

Ouï le rapport du C.en *Lacoste*, membre du Conseil;

Au moyen de ce qu'il résulte principalement des pièces, qu'à l'époque de la capture, le délai fixé d'abord par les préliminaires de paix, puis renouvelé par le traité solennel entre les deux puissances, et au-delà duquel toutes les prises faites dans les mers de l'Inde doivent être restituées, n'était pas expiré;

Que ce délai ayant été déterminé pour le cas où les capteurs, avant son expiration, ne seraient pas devenus certains de l'existence de la paix, la présomption légale subsiste en leur faveur jusqu'à la preuve contraire;

Que cette preuve doit être de la nature de celle indiquée par l'arrêté des Consuls du 18 vendémiaire an 10, portant que les prises faites par les corsaires sortis des ports de France après avoir eu connaissance des préliminaires de paix, dont les ratifications avaient été échangées le 11 du même mois, seront annullées;

Mais que rien ne justifie que le capitaine de *la Bellone* fût dans une situation telle qu'il eût une pleine et suffisante conviction de la paix, et dût s'abstenir de toutes hostilités lorsqu'il s'empara du navire anglais *le Porcher*;

Qu'en effet, d'abord il est reconnu qu'avant que le corsaire fût sorti du port de l'Ile-de-France pour commencer sa croisière, il était impossible que la nouvelle des préliminaires de paix fût parvenue dans cette colonie, ce qui ne permet pas de lui appliquer les dispositions de l'arrêté du 18 vendémiaire;

Qu'ensuite l'exhibition de papiers relatifs à la paix, que, pour unique argument, on a tant répété avoir été faite au capitaine *Perroud*, par le navire arabe *le Saley*, qu'il arrêta, par le parlementaire portugais qu'il laissa continuer sa route, par le navire anglais *le Tay* qu'il fit conduire à l'Ile-de-France, enfin par *le Porcher* lui-même ; cette exhibition, constante à l'égard des deux derniers navires, en la supposant faite aussi par le parlementaire et par l'arabe, malgré la dénégation des capteurs, ne portait pourtant, selon le dire même des capturés, que sur un imprimé dit *Gazette extraordinaire de Calcutta, contenant un exemplaire de la proclamation intitulée au nom du roi d'Angleterre, laquelle annonçait les préliminaires de paix*, sans qu'aucunes signatures authentiques ou aucun certificat légal, émanant même du pays ennemi, vinssent attester ni l'existence de ces préliminaires, ni celle de la proclamation;

Que lors même que la proclamation eût présenté au corsaire le moindre caractère d'authenticité, il n'en eût pas moins été autorisé à prendre *le Porcher,* puisque les termes dans lesquels elle était conçue, indiquaient textuellement, que, relativement aux prises, les sujets anglais ne devaient s'abstenir des hostilités *que suivant et après les époques fixées par les préliminaires;* d'où le corsaire a dû raisonnablement conclure qu'il aurait certainement essuyé un combat en cas de supériorité de forces du *Porcher,* malgré l'existence des préliminaires, et que s'il eût été assez désintéressé pour relâcher sa prise, il n'en restait pas moins exposé à tomber entre les mains des Anglais, jusqu'à l'expiration des délais;

Que le corsaire a dû encore être fortifié dans cette opinion, en se rappelant la manœuvre du *Porcher* pour l'éviter, et en voyant, à côté de la pièce informe que lui montrait le capitaine *Black,* des lettres de marque très-régulières, dont la durée s'étendait à tout le temps des hostilités, et des instructions très-positives sur l'état de guerre, entièrement muettes sur la paix, et dont la date était postérieure de neuf jours à celle qu'on lui indiquait pour la publication à Calcutta de la proclamation des préliminaires;

Qu'il demeure donc pour constant que la capture est légitimée, d'un côté, par le fait de son antériorité aux époques fixées pour la restitution, tant par les préliminaires que par le traité de paix; de l'autre, par le défaut de connaissance suffisante de la cessation de toute hostilité;

Qu'au surplus ce serait étrangement se méprendre sur l'objet de la course et les principes qui la dirigent, que dé penser que de simples avis de l'existence de la paix, donnés vaguement, en mer à un corsaire, par des navigateurs étrangers, ou sur la foi d'une gazette, dussent, en paralysant ses lettres de marque, être pour lui le signal de l'abandon de sa croisière, au risque même de tomber entre les mains de l'ennemi; qu'un semblable effet n'appartient qu'à l'ordre qui lui serait intimé au nom du Gouvernement dont il tient l'autorisation formelle de capturer; que si cependant la communication de la paix lui était faite par la voie de l'ennemi, en vertu d'instructions spéciales et officielles dont il serait porteur, la juste déférence pour les actes émanés de l'autorité d'un souverain, déterminerait sans doute le corsaire à respecter cette sauve-garde, pourvu qu'elle fût réciproque; mais que ce serait être par trop libéral à son préjudice, et lui enlever arbitrairement le bénéfice des réglemens et des traités, que de restituer une prise qu'il a faite dans les termes précis de son droit, et lorsque les avis qu'il aurait reçus ne portaient point avec eux le cachet de l'authenticité et moins encore le gage de sa sûreté particulière;

Qu'inutilement on s'est prévalu de la lettre du Ministre de la marine et des colonies, du 25 vendémiaire an 10, qui ne se trouvait à l'instant de la prise, ni dans les mains du capturé, ni dans celles du capteur; que cette lettre ne s'applique nullement aux vaisseaux de l'État ou corsaires sortis des ports français avant la connaissance des préliminaires, et qu'elle ne dispensait point les navires de commerce de se munir des sauf-conduits convenus entre les

deux

deux Gouvernemens, ni de témoignages authentiques de l'existence des préliminaires;

Qu'ainsi, sous quelque point de vue qu'on envisage la prise et les circonstances qui l'ont accompagnée, elle n'offre aucun motif de reproche contre le corsaire, et qu'en la lui adjugeant, ce sera tout-à-la-fois lui accorder le prix des dangers qu'il a courus, et maintenir l'exécution d'une clause formelle d'un traité solennellement conclu entre les deux nations;

LE CONSEIL décide que la prise faite par le corsaire français *la Bellone*, du navire anglais *le Porcher*, est bonne et valable ; en conséquence adjuge aux armateurs et équipage dudit corsaire, tant ledit navire, ses agrès, ustensiles et apparaux, circonstances et dépendances, que les marchandises et effets de son chargement, pour le tout, si fait n'a été, être vendu aux formes et de la manière prescrites par les lois et réglemens sur le fait des prises, et le produit net être remis auxdits armateurs et équipage, prélèvement fait des retenues fixées au profit de la caisse des invalides de la marine et des prisonniers de guerre, par la loi du 3 brumaire an 4, et l'arrêté des Consuls du 7 fructidor an 8.

A quoi faire tous gardiens, consignataires, séquestres et dépositaires, seront contraints par toutes voies dues et raisonnables, même par corps ; quoi faisant, déchargés.

Fait le 2 floréal, an 11 de la République française, une et indivisible. Présens les C.ens BERLIER, *président ;* NIOU,

‌(42)

LACOSTE, MONTIGNY - MONPLAISIR, TOURNACHON, LA LOY, LE CAMUS-DE-NÉVILLE, tous membres du Conseil des Prises, séant à Paris, maison de l'Oratoire.

AU NOM DE LA RÉPUBLIQUE FRANÇAISE, il est ordonné à tous huissiers sur ce requis de mettre la présente décision à exécution; à tous commandans et officiers de la force publique, de prêter main-forte lorsqu'ils en seront légalement requis; et aux commissaires du Gouvernement, tant intérieurs qu'extérieurs, d'y tenir la main.

En foi de quoi la présente décision a été signée par le président du Conseil et par le rapporteur.

Par le Conseil:

Le secrétaire général, signé CALMELET.

A PARIS, DE L'IMPRIMERIE DE LA RÉPUBLIQUE.
Floréal an XI.